Aus einem Topf

Die beliebtesten Rezepte für Suppe, Eintopf, Curry und Risotto

Ob leichte Karotten-Sesam-Suppe mit Joghurt oder herzhafte Lauch-Hack-Suppe mit Schmelzkäse – hier entdecken Sie die Vielfalt der Suppenküche. Wärmend, wohltuend und oft schnell zubereitet.

Von Rotem Linseneintopf mit Cabanossi über Mexikanischen Bohneneintopf bis Szegediner Gulaschtopf – in diesem Kapitel finden Sie Rezepte für deftige Eintöpfe, die lange sättigen.

Rezeptinfos:

[7 ProPoints Wert] *ProPoints®* Wert und zusätzlich kJ / kcal pro Person / Glas

 | |

Schnell   Einfrieren   Vegetarisch

Fertig in: entspricht dem kompletten Zeitaufwand inkl. Back-, Gar-, Marinierzeit etc.

Davon aktiv: entspricht dem Zeitaufwand der Vorbereitung wie Schneiden, Rühren etc.

Die richtige Ernährung ist der erste Schritt!

Schön, dass Sie sich für eins unserer Kochbücher entschieden haben und damit für eine gesunde und ausgewogene Ernährung. Denn dafür steht Weight Watchers immerhin schon seit mehr als 40 Jahren in Deutschland.

Weight Watchers ist weit mehr als eine Diät. Es ist ein ganzheitliches, flexibles Ernährungsprogramm. Neben einer Ernährungsumstellung sind auch Bewegung und persönliche Unterstützung wichtige Bestandteile unseres Konzeptes.

Wir bieten Coachings in wöchentlichen Treffen an, wo jeder Interessierte kennenlernen kann, wie abwechslungsreiche Ernährung und Bewegung dazu beitragen können, lange gesund und leistungsfähig zu bleiben. Und dabei auch erfolgreich sein Wunschgewicht zu erreichen. Wenn Sie mehr der Online-Typ sind, ist Weight Watchers Online vielleicht etwas für Sie – hier gibt es Zugriff auf die besten interaktiven Tools für eine erfolgreiche Abnahme. Die App für unterwegs gibt es automatisch dazu.

Denjenigen, die es noch individueller gestalten möchten, bieten wir auch persönliche Coachings an.

Unser Ziel ist es, ganz einfach Menschen für einen aktiven und ausgewogenen Lebensstil zu begeistern – dazu gehört auch ein gesundes Körpergewicht. Das Weight Watchers Programm basiert auf aktuellen wissenschaftlichen Erkenntnissen und langer Erfahrung. Es bietet ein Höchstmaß an Flexibilität und Alltagstauglichkeit.

Die Weight Watchers Kochbücher sind die perfekte Ergänzung auf dem eigenen Weg zum Wunschgewicht. Mit unkomplizierten Rezepten wird Kochen einfach zum Vergnügen! Die leckeren Gerichte sind problemlos nachzukochen und gelingen immer. Und das mit frischen Zutaten, die Sie in jedem gut sortierten Supermarkt erhalten. Dabei müssen Sie auf nichts verzichten und können gleichzeitig Familie und Freunde mit abwechslungsreichen Weight Watchers Gerichten verwöhnen. Unsere Fertiggerichte und Snacks runden unser Angebot ab und sind eine gesunde und schnelle Alternative im stressigen Alltag.

Wie das Weight Watchers Programm funktioniert, schildert Ihnen Anke auf Seite 106–107.

Wir wünschen Ihnen gutes Gelingen und guten Appetit!

Ihr Weight Watchers Team

Die Weight Watchers Services auf einen Blick

Weight Watchers Treffen

Wöchentlich finden über 3.000 Treffen deutschlandweit statt. Davon über 800 an festen Standorten. Alles für die perfekte Atmosphäre. Damit Sie voller Motivation in Richtung Wunschgewicht durchstarten können. Sie haben Fragen? Dann rufen Sie uns unter 01802-60 40 40 gerne an.

(0,06 €/Anruf aus dem dt. Festnetz. Mobilfunk höchstens 0,42 €/Minute.)

Weight Watchers Online

Lernen Sie den *ProPoints* ® Plan Schritt für Schritt kennen mit unseren schnellen und einfachen Anleitungen. Nutzen Sie die Online-Tools wie Computer, iPhone, iPad oder Android-Geräte, um Lebensmittel und Aktivitäten zu berechnen, Ihren Gewichtsverlauf zu dokumentieren, passende Rezepte oder Workout-Videos zu finden und vieles mehr.

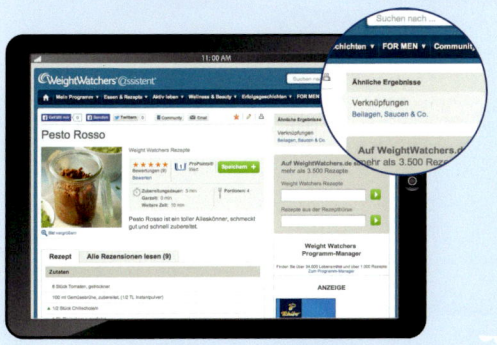

www.weightwatchers.de

Suppen

Alles andere als alltäglich – die Auswahl an raffinierten und abwechslungsreichen Suppen ist groß. Traditionell deutsche und internationale Köstlichkeiten – hier ist für jeden Geschmack etwas dabei.

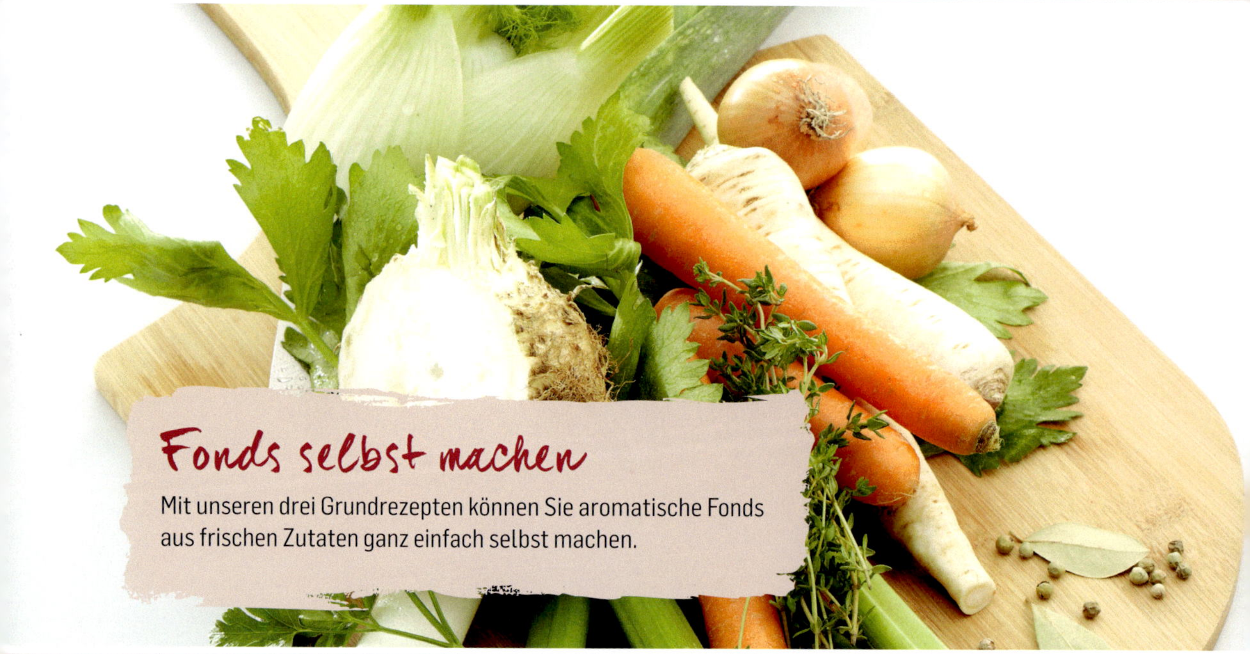

Fonds selbst machen

Mit unseren drei Grundrezepten können Sie aromatische Fonds aus frischen Zutaten ganz einfach selbst machen.

Geflügelfond

Fertig in: 2 Stunden 20 Minuten
Davon aktiv: 30 Minuten

Für 4 Gläser à 1 Liter:
1/2 Knollensellerie, 3 Petersilienwurzeln, 3 Karotten und 2 Gemüsezwiebeln in groben Stücken mit 250 g Champignons in Hälften, 1 Bund Petersilie und 1 kg Hähnchenbrustfilet in groben Stücken mit 4,7 Liter Wasser in einen großen Topf geben. Mit 2 Esslöffeln Salz, 3 Lorbeerblättern, 5 Wacholderbeeren und 1 Teelöffel Pimentkörnern würzen und zugedeckt ca. 90 Minuten köcheln lassen. Geflügelfond durch ein mit einem Küchentuch ausgelegtes Sieb gießen und nach Wunsch weiterverarbeiten oder in Gläser füllen und kalt stellen. Die Hähnchenstücke ebenfalls weiterverarbeiten.

pro Glas
0 ProPoints Wert

Rinderfond

Fertig in: 2 Stunden 20 Minuten
Davon aktiv: 20 Minuten

Für 4 Gläser à 1 Liter:
3 rote Zwiebeln, 1/2 Knollensellerie, 5 Karotten und 1 rote Paprika in groben Stücken mit 800 g Rindergulasch, 1/2 Bund glatter Petersilie, 8 Zweigen Thymian und 4,5 Liter Wasser in einen großen Topf geben. Mit 2 Esslöffeln Salz, 3 Lorbeerblättern, je 5 Wacholderbeeren, Nelken und Pimentkörnern und 1 Esslöffel Pfefferkörnern würzen und zugedeckt ca. 2 Stunden köcheln lassen. Rinderfond durch ein mit einem Küchentuch ausgelegtes Sieb gießen und nach Wunsch weiterverarbeiten oder in Gläser füllen und kalt stellen. Das Rindergulasch ebenfalls weiterverarbeiten.

pro Glas
0 ProPoints Wert

Was beim Fondkochen übrig bleibt, ...

... ist zu schade zum Wegwerfen. Das weiche Gemüse aus den Fonds kann als Püree mit stückigen Tomaten z. B. zu einer fruchtigen Pastasauce weiterverarbeitet werden, das ausgekochte Fleisch ist eine herzhafte Einlage für Suppen oder Eintöpfe.

Gemüsefond

Fertig in: 85 Minuten
Davon aktiv: 25 Minuten

Für 4 Gläser à 1 Liter:
4 Karotten, 2 Stangen Lauch, 6 Stangen Staudensellerie und 3 Tomaten in groben Stücken mit 5 Schalotten in Vierteln und 1 Bund Liebstöckel mit 4,7 Liter Wasser und 1 Teelöffel Pflanzenöl in einen großen Topf geben. Mit 2 Esslöffeln Salz, 5 Lorbeerblättern, 2 Teelöffeln Pfeffer-, 1 Teelöffel Senf- und 4 Pimentkörnern würzen und zugedeckt ca. 60 Minuten köcheln lassen. Gemüsefond durch ein mit einem Küchentuch ausgelegtes Sieb gießen und nach Wunsch weiterverarbeiten oder in Gläser füllen und kalt stellen.

pro Glas

Fonds aufbewahren

Im Kühlschrank sind die Fonds wochenlang haltbar, wenn Sie diese sofort heiß in ausgekochte Marmeladen- oder Gurkengläser füllen, fest mit Schraubdeckeln verschließen und anschließend zum Abkühlen auf den Kopf stellen. Dabei sollten Sie darauf achten, die Gläser randvoll zu befüllen und die Deckel vorher abzukochen.

Einfach einfrieren

Fonds lassen sich wunderbar in unterschiedlichen Portionen einfrieren, z. B. in kleinen Gefrierdosen oder Eiswürfelformen. Auf diese Weise haben Sie jederzeit die benötigte Menge zur Hand. Fond-Eiswürfel eignen sich besonders zum Verfeinern und Verlängern von Saucen und Suppen. Für selbst gemachte Würzwürfel geben Sie einfach zusätzlich einen Teelöffel gehackte Kräuter oder etwas gehackte Chilischote in jedes Eiswürfelförmchen. So haben Sie immer eine Auswahl an verschiedenen aromatischen Mischungen griffbereit, die Sie bei Bedarf einfach direkt im Gericht auftauen können.

Maultaschensuppe mit Gemüse

Fertig in: 1 Stunde 10 Minuten
Davon aktiv: 45 Minuten

Für 6 Personen:
250 g Mehl
3 Eier
1 TL Pflanzenöl
2–3 EL kaltes Wasser
Salz
50 g Blattspinat (TK)
1 Scheibe Sandwichtoast
1 Bund Petersilie
1 Schalotte
100 g Tatar
Pfeffer
1 Prise geriebene Muskatnuss
2 Bund Suppengemüse
2,5 Liter Gemüsebrühe
(3 EL Instantpulver)

 1228 kJ
293 kcal

1. Mehl mit 2 Eiern, Öl, Wasser und 1/4 Teelöffel Salz zu einem Teig verkneten und in Folie gewickelt ca. 30 Minuten ruhen lassen. Spinat auftauen lassen. Toast in Wasser ca. 3 Minuten einweichen und gut ausdrücken. Petersilie waschen und trocken schütteln. Spinat ausdrücken und mit Petersilie fein hacken. Schalotte schälen und fein würfeln.

2. Tatar mit restlichem Ei, Toast, Spinat, der Hälfte Petersilie und Schalottenwürfeln verkneten, mit Salz, Pfeffer und Muskatnuss würzen. Lauch waschen und in Ringe schneiden. Karotten und Sellerie schälen, Karotten in Scheiben schneiden und Sellerie fein würfeln.

3. Teig zwischen Frischhaltefolie zu einem dünnen Rechteck (ca. 20 x 65 cm) ausrollen und halbieren. Die Füllung in 12 Portionen mit etwa 5 cm Abstand auf einer Teighälfte verteilen. Restlichen Teig darauflegen, andrücken und in 12 Teigtaschen schneiden. Ränder mit einer Gabel fest zusammendrücken.

4. Brühe mit Suppengemüse aufkochen, Maultaschen zugeben und ca. 20–25 Minuten garen. Maultaschensuppe mit restlicher Petersilie verfeinern, mit Salz und Pfeffer abschmecken und servieren.

Süßsaure Glasnudelsuppe mit Garnelen

Fertig in: 35 Minuten
Davon aktiv: 15 Minuten

Für 2 Personen:
1 Gemüsezwiebel
2 gelbe Paprika
1 rote Paprika
1 kleine rote Chilischote
2 TL Pflanzenöl
400 g stückige Tomaten
(Konserve)
800 ml Gemüsebrühe
(3 TL Instantpulver)
80 g trockene Glasnudeln
300 g küchenfertige Garnelen
1 TL Honig
2 EL Reisessig
3 EL Sojasauce
1 TL Paprikapulver
1 EL gehackte Petersilie

1. Zwiebel schälen und fein würfeln. Paprika und Chilischote waschen und entkernen. Chilischote in Ringe, Paprika in Würfel schneiden. Öl in einem Topf erhitzen und Zwiebelwürfel darin ca. 5 Minuten dünsten.

2. Paprikawürfel und Chiliringe dazugeben und ca. 5 Minuten mitdünsten. Mit Tomaten und Brühe ablöschen und zugedeckt ca. 10 Minuten garen. Nudeln nach Packungsanweisung zubereiten.

3. Garnelen abspülen und trocken tupfen. Nudeln abgießen, mit Garnelen unter die Suppe heben und erwärmen. Glasnudelsuppe mit Honig, Essig, Sojasauce und Paprikapulver verfeinern und mit Petersilie bestreut servieren.

pro Person
8 ProPoints Wert ® | 2307 kJ
551 kcal

Karotten-Sesam-Suppe mit Joghurt

Fertig in: 35 Minuten
Davon aktiv: 15 Minuten

Für 2 Personen:
1 Zwiebel
600 g Karotten
1 kleine Knoblauchzehe
2 TL Sesamöl
1 Liter Gemüsebrühe
(1 EL Instantpulver)
2 TL Sesampaste (Tahin)
125 g Magermilchjoghurt
Salz
Cayennepfeffer
1 TL Sesam
2 TL gehackte glatte Petersilie

1. Zwiebel und Karotten schälen und in Würfel schneiden. Knoblauch hacken. Öl in einem Topf erhitzen und Karotten- und Zwiebelwürfel mit Knoblauch darin ca. 5 Minuten andünsten. Mit Brühe ablöschen, Sesampaste einrühren und zugedeckt ca. 15 Minuten garen.

2. Suppe pürieren, mit Joghurt verfeinern und mit Salz und Cayennepfeffer abschmecken. Karotten-Sesam-Suppe mit Sesam und Petersilie bestreut servieren.

pro Person
988 kJ
236 kcal

Sesampaste ...

... erhalten Sie in gut sortierten Supermärkten oder im Asialaden.

Servieren Sie die Suppe ...

... mit 100 g Fladenbrot, welches Sie aufschneiden, mit 3 EL Frischkäse bestreichen, mit 1 EL gehackter glatter Petersilie bestreuen, wieder zusammenklappen und in 2 Ecken schneiden. Der *ProPoints* ® Wert pro Person erhöht sich auf 7.

Japanische Hühnersuppe

Fertig in: 40 Minuten
Davon aktiv: 25 Minuten

Für 2 Personen:
120 g Hähnchenbrustfilet
Salz
Pfeffer
3 Karotten
200 g festkochende Kartoffeln
50 g Rettich
80 g grüne Bohnen
1/2 Stange Lauch
2 TL Pflanzenöl
1,25 Liter Hühnerbrühe
(1 EL Instantpulver)
1 TL Honig
3 EL Sojasauce

1328 kJ
317 kcal

1. Hähnchenbrustfilet abspülen, trocken tupfen, in Streifen schneiden und mit Salz und Pfeffer würzen.

2. Karotten und Kartoffeln schälen und in feine Streifen schneiden. Rettich, Bohnen und Lauch waschen. Bohnen halbieren, Rettich in Streifen und Lauch in Ringe schneiden.

3. Öl in einem Topf erhitzen und Hähnchenbruststreifen darin ca. 1–2 Minuten rundherum anbraten. Bohnenhälften, Rettich-, Karotten- und Kartoffelstreifen dazugeben, kurz andünsten und mit Brühe ablöschen.

4. Hühnersuppe mit Honig und Sojasauce verfeinern und ca. 10 Minuten köcheln lassen. Lauchringe dazugeben, weitere ca. 5 Minuten garen und servieren.

Wenn es schnell gehen muss, ...

... probieren Sie die **Weight Watchers** Asiatische Gemüsesuppe mit Hühnerfleisch. Der *ProPoints*® Wert pro Person beträgt 3.

Pizzasuppe

Fertig in: 20 Minuten
Davon aktiv: 10 Minuten

Für 8 Personen:
3 Zwiebeln
je 2 rote, gelbe und grüne Paprika
600 g Champignons (Konserve)
2 TL Pflanzenöl
200 g magere Schinkenwürfel
2 TL Pizzagewürz
800 g stückige Tomaten
(Konserve)
700 ml Gemüsebrühe
(3 TL Instantpulver)
Salz, Pfeffer
1 Prise Zucker
80 g geriebener Parmesan

1. Zwiebeln schälen und in Spalten schneiden. Paprika waschen, entkernen und in Würfel schneiden. Champignons gut abtropfen lassen.

2. Öl in einem Topf erhitzen und Schinkenwürfel darin ca. 3 Minuten anbraten. Zwiebelspalten, Paprikawürfel, Champignons und Pizzagewürz dazugeben und ca. 3 Minuten mitbraten.

3. Mit Tomaten und Brühe ablöschen und ca. 6 Minuten köcheln lassen. Pizzasuppe mit Salz, Pfeffer und Zucker würzen und mit Parmesan bestreut servieren.

pro Person
731 kJ
175 kcal

Feine Artischockensuppe

Fertig in: 30 Minuten
Davon aktiv: 10 Minuten

Für 4 Personen:
2 getrocknete Tomaten ohne Öl
1 Zwiebel
200 g mehligkochende Kartoffeln
1 Knoblauchzehe
2 TL Pflanzenöl
2 EL Pinienkerne
2 Dosen Artischockenherzen
(à 240 g Abtropfgewicht)
1 TL Kapern
1 Liter Gemüsebrühe
(1 EL Instantpulver)
2 EL geriebener Parmesan
3 EL Schmand
Salz, Pfeffer

1. Tomaten in Streifen schneiden. Zwiebel und Kartoffeln schälen und würfeln. Knoblauch pressen. Öl in einem Topf erhitzen, Zwiebel-, Kartoffelwürfel und Knoblauch mit Pinienkernen darin ca. 2 Minuten anbraten.

2. Artischockenherzen abtropfen lassen, mit Kapern und Tomatenstreifen zufügen, mit Brühe ablöschen und ca. 15 Minuten köcheln lassen. Parmesan einrühren und Suppe pürieren. Mit Schmand verfeinern, mit Salz und Pfeffer abschmecken und Artischockensuppe servieren.

pro Person
848 kJ
203 kcal

Rotkohlsuppe mit Frischkäsenocken

Fertig in: 65 Minuten
Davon aktiv: 20 Minuten

Für 2 Personen:
350 g Rotkohl
1 Zwiebel
2 TL Pflanzenöl
2 Gewürznelken
3 Wacholderbeeren
2 Lorbeerblätter
800 ml Gemüsebrühe
(3 TL Instantpulver)
3 säuerliche Äpfel (z. B. Boskop)
200 g Frischkäse,
bis 1 % Fett absolut
1 TL Honig
Salz
Pfeffer
2 EL gemischte gehackte Kräuter
(z. B. Petersilie, Schnittlauch,
Kerbel)
1 Msp. geriebene Muskatnuss
2 Scheiben Schwarzbrot
(Roggenvollkornbrot)

1. Kohl putzen, vierteln, den Strunk entfernen und Kohl in Streifen schneiden. Zwiebel schälen und würfeln. Öl in einem Topf erhitzen und Zwiebelwürfel darin glasig andünsten. Kohlstreifen mit Nelken, Wacholderbeeren und Lorbeerblättern dazugeben, mit Brühe ablöschen und zugedeckt ca. 50 Minuten garen.

2. Äpfel vierteln, entkernen, schälen und würfeln. Apfelwürfel nach ca. 20 Minuten zur Suppe geben und mitgaren. Nelken, Wacholderbeeren und Lorbeerblätter aus der Suppe entfernen, die Hälfte Frischkäse dazugeben und Suppe pürieren. Suppe mit Honig verfeinern und mit Salz und Pfeffer abschmecken. Restlichen Frischkäse mit Kräutern verrühren und mit Salz, Pfeffer und Muskatnuss würzen. Aus der Frischkäsemasse mit 2 Teelöffeln Nocken formen und Rotkohlsuppe mit Frischkäsenocken und Schwarzbrot servieren.

pro Person
6 ProPoints Wert ®

1464 kJ
350 kcal

Markklößchensuppe mit Nudeln

Fertig in: 35 Minuten
Davon aktiv: 15 Minuten

Für 4 Personen:
1 Bund Suppengemüse
1 Zwiebel
1 große Fenchelknolle
2 TL Pflanzenöl
1,2 Liter Rinderfond
(ersatzweise Gemüsebrühe)
300 g Rindersteak
60 g trockene Suppennudeln
16 Markklößchen (à 8 g, TK)
Salz
Pfeffer
2 EL Schnittlauchringe

pro Person
8 ProPoints Wert
1431 kJ
342 kcal

1. Lauch waschen und in Ringe schneiden. Karotten und Sellerie schälen und fein würfeln. Zwiebel schälen, Fenchel waschen, halbieren, den Strunk entfernen und Fenchel mit Zwiebel in Streifen schneiden.

2. Öl in einem Topf erhitzen und Lauchringe, Karotten-, Selleriewürfel, Fenchel- und Zwiebelstreifen darin ca. 3 Minuten anbraten. Mit Fond ablöschen und ca. 5 Minuten köcheln lassen.

3. Steak trocken tupfen und in Würfel schneiden. Mit Suppennudeln und gefrorenen Markklößchen zur Suppe geben und ca. 5–8 Minuten gar ziehen lassen. Suppe mit Salz und Pfeffer abschmecken und mit Schnittlauch bestreut servieren.

Lauch-Hack-Suppe mit Schmelzkäse

Fertig in: 55 Minuten
Davon aktiv: 25 Minuten

Für 4 Personen:
1 kg Lauch
700 g mehligkochende Kartoffeln
1 EL Pflanzenöl
600 g Geflügelhackfleisch
(aus Putenbrustfilet)
2 TL Paprikapulver
Salz
Pfeffer
1,6 Liter Gemüsebrühe
(1 1/2 EL Instantpulver)
150 g Schmelzkäse,
20 % Fett i. Tr.
1 Prise geriebene Muskatnuss
1 TL gehackte Petersilie

1. Lauch waschen und in Ringe schneiden. Kartoffeln schälen und würfeln. Öl in einem Topf erhitzen, Hackfleisch darin krümelig anbraten und mit Paprikapulver, Salz und Pfeffer würzen.

2. Lauchringe dazugeben und ca. 5–8 Minuten andünsten. Kartoffelwürfel zufügen, mit Brühe ablöschen und zugedeckt ca. 20 Minuten garen.

3. Käse ca. 5 Minuten vor Ende der Garzeit unter Rühren im Eintopf auflösen. Lauch-Hack-Suppe mit Salz und Pfeffer abschmecken, mit Muskatnuss verfeinern und mit Petersilie bestreut servieren.

pro Person
10 ProPoints Wert | 1949 kJ
466 kcal

Für eine Lauch-Tatar-Suppe ...

... ersetzen Sie das Geflügelhackfleisch durch 600 g Tatar. Der *ProPoints*® Wert pro Person erhöht sich auf 11.

Gemüsesuppe mit Nudeln

Fertig in: 35 Minuten
Davon aktiv: 20 Minuten

Für 4 Personen:
1 Zwiebel
300 g Karotten
200 g Sellerie
200 g Zuckererbsenschoten
2 TL Pflanzenöl
1,2 Liter Gemüsebrühe
(4 TL Instantpulver)
100 g Erbsen (frisch oder TK)
60 g trockene Suppennudeln
1 EL gehackter Liebstöckel
(frisch oder getrocknet)
Salz
Pfeffer

1. Zwiebel, Karotten und Sellerie schälen, Sellerie würfeln, Karotten in Scheiben und Zwiebel in Ringe schneiden. Zuckererbsenschoten waschen. Öl in einem Topf erhitzen und Zwiebelringe darin ca. 1 Minute anbraten. Karottenscheiben, Selleriewürfel und Brühe dazugeben und ca. 10 Minuten köcheln lassen.

2. Erbsen, Zuckererbsenschoten und Nudeln hinzufügen und weitere ca. 5 Minuten garen. Gemüsesuppe mit Liebstöckel würzen, mit Salz und Pfeffer abschmecken und servieren.

pro Person
3 ProPoints Wert

701 kJ
167 kcal

Rucolasuppe mit Parmesan

Fertig in: 30 Minuten
Davon aktiv: 20 Minuten

Für 2 Personen:
400 g mehligkochende Kartoffeln
1 Schalotte
1 Knoblauchzehe
1 TL Olivenöl
400 ml Gemüsebrühe
(1 1/2 TL Instantpulver)
100 g Rucola
1 EL Schmand
Salz
Pfeffer
2 EL Parmesanhobel

1. Kartoffeln und Schalotte schälen und würfeln. Knoblauch pressen. Öl in einem Topf erhitzen, Schalottenwürfel und Knoblauch darin ca. 2 Minuten andünsten, mit Brühe ablöschen, Kartoffelwürfel dazugeben und ca. 15 Minuten garen.

2. Rucola waschen, trocken schleudern und einige Blätter zur Seite stellen. Rucola in die Suppe geben und mit Schmand verfeinern. Suppe pürieren und mit Salz und Pfeffer abschmecken. Rucolasuppe mit Parmesanhobeln bestreuen und mit restlichen Rucolablättern garniert servieren.

pro Person
6 ProPoints Wert | 1047 kJ
250 kcal

Champignoncremesuppe mit Steinpilzen

Fertig in: 50 Minuten
Davon aktiv: 15 Minuten

Für 4 Personen:
30 g getrocknete Steinpilze
100 ml heißes Wasser
2 Schalotten
500 g Champignons
2 TL Pflanzenöl
1 Knoblauchzehe
1 Liter Gemüsebrühe
(1 EL Instantpulver)
8 Scheiben Schwarzbrot
(Roggenvollkornbrot)
100 g Frischkäse,
bis 1 % Fett absolut
Salz
Pfeffer
2 EL gehackte Petersilie

pro Person
7 ProPoints Wert
1176 kJ
281 kcal

1. Steinpilze in Wasser ca. 30 Minuten einweichen. Schalotten schälen. Champignons trocken abreiben, 100 g Champignons vierteln und restliche Champignons mit Schalotten würfeln.

2. 1 Teelöffel Öl in einem Topf erhitzen, Schalottenwürfel darin glasig dünsten und Knoblauch dazupressen. Champignonwürfel dazugeben und ca. 3–4 Minuten mitdünsten. Mit Brühe ablöschen und zugedeckt ca. 10–12 Minuten garen.

3. Steinpilze abgießen und den Sud dabei auffangen. Steinpilzsud zur Suppe geben und Suppe pürieren. Steinpilze in Stücke schneiden, zur Suppe geben und zugedeckt ca. 10–15 Minuten köcheln lassen.

4. Restliches Öl in einer Pfanne erhitzen, Champignonviertel darin ca. 2–3 Minuten braten und herausnehmen. Schwarzbrot toasten. Champignoncremesuppe mit Frischkäse verfeinern, mit Salz und Pfeffer abschmecken, mit Petersilie bestreuen, mit Champignonviertel garnieren und mit Schwarzbrot servieren.

Während der Saison …

… können Sie 300 g frische Steinpilze statt der getrockneten verwenden. Schneiden Sie die Pilze in Würfel und garen Sie diese nach dem Pürieren in der Suppe. Der *ProPoints*® Wert pro Person ändert sich nicht.

Arabische Linsensuppe

Fertig in: 45 Minuten
Davon aktiv: 15 Minuten

Für 2 Personen:
1 Zwiebel
2 Knoblauchzehen
1 rote Chilischote
1 Bund Suppengemüse
2 TL Pflanzenöl
200 g trockene rote Linsen
1,2 Liter Wasser
Salz
Pfeffer
1/2 TL Kreuzkümmel
1 EL Zitronensaft
1 EL gehackter Koriander

1. Zwiebel schälen und Knoblauch pressen. Chili-schote waschen, entkernen und in feine Streifen schneiden. Lauch waschen, Karotten und Sellerie schälen und alles mit Zwiebel würfeln. Öl in einem Topf erhitzen und Zwiebelwürfel mit Knoblauch darin ca. 2 Minuten glasig dünsten.

2. Lauch-, Karotten-, Selleriewürfel, Chilistreifen und Linsen zufügen, mit Wasser ablöschen und ca. 30 Minuten köcheln lassen. Suppe pürieren und mit Salz, Pfeffer, Kreuzkümmel und Zitronensaft ab-schmecken. Arabische Linsensuppe mit Koriander garniert servieren.

1746 kJ
417 kcal

Nordische Broccolicremesuppe

Fertig in: 30 Minuten
Davon aktiv: 10 Minuten

Für 1 Person:
200 g mehligkochende Kartoffeln
150 g Broccoli
500 ml Gemüsebrühe
(2 TL Instantpulver)
Salz
Pfeffer
1 Prise geriebene Muskatnuss
50 g Nordseekrabben
1 EL Crème légère
1 Scheibe Baguette

1. Kartoffeln schälen und würfeln. Broccoli waschen und in Röschen teilen. Brühe in einem Topf erhitzen und Kartoffelwürfel mit Broccoliröschen darin bei schwacher Hitze zugedeckt ca. 20 Minuten köcheln lassen.

2. Suppe fein pürieren und mit Salz, Pfeffer und Muskatnuss würzen. Krabben unterheben, Broccolicremesuppe mit Crème légère verfeinern, nach Wunsch mit gehackter Petersilie bestreuen und mit Baguette servieren.

pro Person
8 ProPoints Wert | 1507 kJ
| 360 kcal

Thaibasilikum ...

... erhalten Sie in gut sortierten Supermärkten oder im Asialaden.

 # Asiasuppe mit Tofu

Fertig in: 30 Minuten
Davon aktiv: 20 Minuten

Für 2 Personen:
100 g Tofu
2 Karotten
1 Stück Ingwer (ca. 2 cm)
1 Bund Frühlingszwiebeln
1 Knoblauchzehe
2 TL Pflanzenöl
3 EL Sojasauce
1 Liter Gemüsebrühe
(1 EL Instantpulver)
2 EL Limettensaft
50 g Erbsen (TK)
1 Ei
Salz, Pfeffer
1 Prise Zucker

pro Person
4 ProPoints Wert | 1127 kJ
269 kcal

1. Tofu in Würfel schneiden. Karotten und Ingwer schälen. Ingwer fein reiben. Karotten längs halbieren und in dünne Scheiben schneiden. Frühlingszwiebeln waschen und in Ringe schneiden. Knoblauch fein hacken.

2. Öl in einem Topf erhitzen, Tofuwürfel darin ca. 3–4 Minuten rundherum anbraten, mit Sojasauce ablöschen und herausnehmen. Ingwer, Knoblauch und Karottenscheiben im Bratensatz ca. 1–2 Minuten andünsten, mit Brühe und Limettensaft ablöschen und ca. 10 Minuten köcheln lassen. Erbsen und Frühlingszwiebelringe ca. 5 Minuten vor Ende der Garzeit dazugeben und mitgaren.

3. Ei schaumig aufschlagen, unter Rühren langsam in die Suppe gießen und stocken lassen. Tofuwürfel dazugeben und kurz erwärmen. Asiasuppe mit Salz, Pfeffer und Zucker würzen und nach Wunsch mit Thaibasilikum garniert servieren.

Erbsen-Minz-Suppe mit Ziegenkäse

Fertig in: 30 Minuten
Davon aktiv: 10 Minuten

Für 4 Personen:
1 Schalotte
1 TL Pflanzenöl
600 g Erbsen (TK)
1 Liter Gemüsebrühe
(1 EL Instantpulver)
1/2 Bund Minze
Salz
Pfeffer
4 EL Ziegenfrischkäse

pro Person
4 ProPoints Wert | 660 kJ
158 kcal

1. Schalotte schälen und würfeln. Öl in einem Topf erhitzen und Schalottenwürfel darin glasig dünsten. Erbsen zufügen, mit Brühe ablöschen und ca. 15 Minuten garen. Minze waschen, trocken schütteln und hacken.

2. Suppe mit Minze verfeinern, pürieren und mit Salz und Pfeffer abschmecken. Erbsen-Minz-Suppe mit Ziegenfrischkäse garniert servieren.

Tomaten-Minz-Suppe mit Schafskäse

Fertig in: 20 Minuten
Davon aktiv: 15 Minuten

Für 4 Personen:
1 Zwiebel
2 TL Pflanzenöl
1 Knoblauchzehe
1 EL Tomatenmark
700 g passierte Tomaten
(Konserve)
500 ml Gemüsebrühe
(2 TL Instantpulver)
120 ml Kokosmilch light
Salz
Pfeffer
1 TL Zucker
1/2 TL Kreuzkümmel
1/2 TL Chilipulver
50 g trockener Couscous
100 g Schafskäse light
1 EL gehackte Minze

1. Zwiebel schälen und in Würfel schneiden. Öl in einem Topf erhitzen, Knoblauch dazupressen und Zwiebelwürfel mit Tomatenmark darin kurz andünsten. Mit Tomaten, Brühe und Kokosmilch ablöschen, mit Salz, Pfeffer, Zucker, Kreuzkümmel und Chilipulver würzen und aufkochen.

2. Couscous unterrühren und ca. 5 Minuten quellen lassen. Schafskäse würfeln, mit Minze vermengen und Tomaten-Minz-Suppe mit Schafskäsetopping servieren.

pro Person
4 ProPoints Wert | 886 kJ
212 kcal

Kürbissuppe mit Kartoffelcroûtons

Fertig in: 60 Minuten
Davon aktiv: 25 Minuten

Für 2 Personen:
200 g mehligkochende Kartoffeln
2 TL Pflanzenöl
Salz
Pfeffer
1/2 TL gehackter Rosmarin
1 Hokkaidokürbis (ca. 600 g)
1 Zwiebel
1 kleine Stange Lauch
600 ml Gemüsebrühe
(2 TL Instantpulver)
3 EL Crème légère
1/2 TL Currypulver
1 TL Schnittlauchringe
2 Scheiben Bauernbrot

1. Kartoffeln schälen und würfeln. Öl in einem Topf erhitzen und die Hälfte der Kartoffelwürfel darin ca. 10–12 Minuten rundherum knusprig braten. Mit Salz, Pfeffer und Rosmarin würzen, Kartoffelcroûtons herausnehmen und beiseitestellen.

2. Kürbis waschen, halbieren und Kerne mit einem Löffel entfernen. Zwiebel schälen und mit Kürbis würfeln. Lauch waschen und in Ringe schneiden. Lauchringe, Kürbis-, Zwiebel- und restliche Kartoffel- würfel im Bratensatz kurz anschwitzen, mit Brühe ablöschen und zugedeckt ca. 15–20 Minuten garen.

3. Suppe pürieren, mit Crème légère und Currypulver verfeinern und mit Salz und Pfeffer abschmecken. Kürbissuppe mit Kartoffelcroûtons und Schnittlauch bestreuen und mit Brot servieren.

pro Person
7 ProPoints Wert | 2246 kJ
536 kcal

Kartoffel-Lachs-Suppe mit Dill

Fertig in: 30 Minuten
Davon aktiv: 20 Minuten

Für 4 Personen:
800 g mehligkochende Kartoffeln
2 Zwiebeln
3 TL Pflanzenöl
750 ml Gemüsebrühe
(3 TL Instantpulver)
400 ml entrahmte Milch
300 g Lachsfilet
1/2 Bund Dill
2 TL Senf
2 Msp. geriebene Muskatnuss
Salz
Pfeffer

1. Kartoffeln und Zwiebeln schälen und würfeln. Öl in einem Topf erhitzen und Zwiebel- und Kartoffelwürfel darin kurz andünsten. Mit Brühe und Milch ablöschen und zugedeckt ca. 20 Minuten garen.

2. Lachsfilet abspülen, trocken tupfen und in Würfel schneiden. Dill waschen, trocken schütteln und hacken. Suppe mit Senf und Muskatnuss verfeinern und grob pürieren. Lachswürfel mit Dill dazugeben und ca. 3–4 Minuten gar ziehen lassen. Kartoffel-Lachs-Suppe mit Salz und Pfeffer abschmecken und servieren.

pro Person
1651 kJ
394 kcal

Eintöpfe

Was gibt es Schöneres als einen wärmenden Eintopf zum Sattessen? Mit den vielen pfiffigen Rezeptideen kommt keine Langeweile auf.

Gyrostopf mit Zazikitopping

Fertig in: 30 Minuten
Davon aktiv: 20 Minuten

Für 2 Personen:
1 Zwiebel
1 rote Paprika
150 g Champignons
200 g Schweineschnitzel
2 TL Pflanzenöl
3 TL Gyrosgewürz
400 g passierte Tomaten
(Konserve)
200 ml Tomatensaft
300 ml Gemüsebrühe
(1 TL Instantpulver)
Salz
grob gemahlener Pfeffer
1 TL gehackter Oregano
1/4 Salatgurke
1/2 kleine Knoblauchzehe
1 TL gehackte Petersilie
100 g Magerquark
1 Packung Spitzen-Langkorn-
Express-Reis (250 g)

1. Zwiebel schälen und in Streifen schneiden. Paprika waschen, entkernen und würfeln. Champignons trocken abreiben und vierteln. Schnitzel trocken tupfen und in Streifen schneiden. Öl in einem Topf erhitzen, Schnitzelstreifen darin ca. 3 Minuten rundherum anbraten, mit Gyrosgewürz würzen und herausnehmen.

2. Zwiebelstreifen, Paprikawürfel und Champignonviertel im Bratensatz ca. 5 Minuten anbraten und mit Tomaten, Tomatensaft und Brühe ablöschen. Suppe mit Salz, Pfeffer und Oregano würzen und zugedeckt ca. 10 Minuten köcheln lassen.

3. Für das Topping Gurke waschen, raspeln und in einem Küchentuch ausdrücken. Knoblauch pressen, mit Gurkenraspeln, Petersilie und Quark verrühren und mit Salz und Pfeffer abschmecken. Reis und Schnitzelstreifen zum Eintopf geben und ca. 5 Minuten erwärmen. Gyrostopf mit Zazikitopping servieren.

pro Person
2217 kJ
530 kcal

Erbsensuppe mit Kasseler

Fertig in: 70 Minuten
Davon aktiv: 20 Minuten

Für 4 Personen:
1 Zwiebel
250 g getrocknete Schälerbsen
450 g Kasseler, gepökelt, roh
1 Lorbeerblatt
1 TL gehackter Majoran
1,3 Liter Wasser
2 Bund Suppengemüse
400 g festkochende Kartoffeln
Salz
Pfeffer

pro Person
11 ProPoints Wert | 1998 kJ
477 kcal

1. Zwiebel schälen, grob würfeln, mit Erbsen, Kasseler, Lorbeerblatt, Majoran und Wasser in einen Topf geben und ca. 60 Minuten garen.

2. Lauch waschen und in Ringe schneiden. Karotten, Sellerie und Kartoffeln schälen und alles würfeln. Lauchringe, Karotten-, Sellerie- und Kartoffelwürfel nach der Hälfte der Garzeit dazugeben und mitgaren.

3. Lorbeerblatt entfernen. Kasseler herausnehmen, in Würfel schneiden und wieder in die Suppe geben. Mit Salz und Pfeffer abschmecken und Erbsensuppe servieren.

Schneller Asia-Eintopf mit Kokosmilch

Fertig in: 25 Minuten
Davon aktiv: 10 Minuten

🕐 | ❄ | 🥕

Für 2 Personen:
1 Zwiebel
600 g festkochende Kartoffeln *12*
1 Stück Ingwer (ca. 2 cm)
1 EL Sesam *2*
1 TL Pflanzenöl *1*
2 TL gelbe Currypaste *0*
300 ml Gemüsebrühe *0*
(1 TL Instantpulver)
150 ml Kokosmilch light *10*
500 g asiatische *0*
Gemüsemischung (TK)
Salz

Smart: 25 gesamt
12,5 pro Portion

1. Zwiebel und Kartoffeln schälen und würfeln. Ingwer schälen und reiben. Sesam fettfrei in einem Topf rösten und herausnehmen. Öl im Topf erhitzen und Zwiebelwürfel mit Ingwer und Currypaste darin kurz anbraten.

2. Kartoffelwürfel dazugeben, mit Brühe und Kokosmilch ablöschen und zugedeckt ca. 10 Minuten köcheln lassen. Gemüsemischung dazugeben und ca. 5 Minuten garen. Asia-Eintopf mit Salz abschmecken, mit Sesam bestreuen und nach Wunsch mit Koriander garniert servieren.

pro Person
🔟 ProPoints Wert | 1993 kJ
476 kcal

Für 4 Personen oder für 2 Tage:
+ 300 ml Gemüsebrühe
eine komplette Dose Kokosmilch
2 EL Mirin
Von der asiatischen Gemüsemischung ein Teil der Würze hinzufügen.

Szegediner Gulaschtopf

Fertig in: 120 Minuten
Davon aktiv: 15 Minuten

Für 4 Personen:
750 g Rindergulasch
1 Zwiebel
1 EL Pflanzenöl
Salz
Pfeffer
2 EL Tomatenmark
1 EL Mehl
2 TL Paprikapulver
1,2 Liter Wasser
je 1 rote, gelbe und grüne Paprika
2 Gewürzgurken
1 Dose Sauerkraut
(770 g Abtropfgewicht)
1 TL gehackter Majoran
4 Scheiben Bauernbrot

1. Rindergulasch trocken tupfen und nach Wunsch kleiner schneiden. Zwiebel schälen und würfeln. Öl in einem Topf erhitzen, Gulasch darin portionsweise rundherum scharf anbraten und mit Salz und Pfeffer würzen. Zwiebelwürfel und Tomatenmark dazugeben und kurz mitbraten. Mit Mehl bestäuben, unter Rühren anschwitzen und mit Paprikapulver würzen. Mit Wasser ablöschen und zugedeckt ca. 90 Minuten schmoren.

2. Paprika waschen, entkernen und würfeln. Gewürzgurken in Scheiben schneiden. Sauerkraut abtropfen lassen, mit Paprikawürfeln und Gewürzgurkenscheiben ca. 30 Minuten vor Ende der Garzeit dazugeben und ohne Deckel fertig garen. Eintopf mit Majoran verfeinern und mit Salz und Pfeffer abschmecken. Szegediner Gulaschtopf mit Bauernbrot servieren.

pro Person
1922 kJ
459 kcal

Für eine klassische Gulaschsuppe ...

... braten Sie 2 Zwiebeln in Würfeln, 1 gepresste Knoblauchzehe und 1 EL Tomatenmark mit 500 g klein gewürfeltem Rindergulasch in 1 EL Pflanzenöl an. Mit Salz, Pfeffer, 1 TL Paprikapulver und gehacktem Majoran würzen. Mit 1 Liter Wasser ablöschen und ca. 60 Minuten garen. Je 1 rote, grüne und gelbe Paprika in Streifen und 400 g stückige Tomaten (Konserve) zugeben und weitere ca. 30 Minuten garen. Mit 2 EL Schmand und Brot servieren. Der *ProPoints*® Wert pro Person reduziert sich auf 8.

Kichererbsentopf mit Zitronentopping

Fertig in: 30 Minuten
Davon aktiv: 20 Minuten

Für 2 Personen:
500 g Blattspinat (TK)
250 g festkochende Kartoffeln
1 Zwiebel
1 Dose Kichererbsen
(265 g Abtropfgewicht)
1 TL Pflanzenöl
500 ml Gemüsebrühe
(2 TL Instantpulver)
1/2 Bund Petersilie
1 unbehandelte Zitrone
125 g Magermilchjoghurt
1/2 TL Kreuzkümmel
1/2 TL gemahlener Koriander
Salz
Pfeffer

1. Spinat auftauen lassen. Kartoffeln und Zwiebel schälen und würfeln. Kichererbsen abspülen und abtropfen lassen. Öl in einem Topf erhitzen und Zwiebel- und Kartoffelwürfel darin ca. 2–3 Minuten andünsten. Spinat dazugeben und kurz mitdünsten. Mit Brühe ablöschen, Kichererbsen unterheben und zugedeckt ca. 15 Minuten köcheln lassen.

2. Für das Topping Petersilie waschen, trocken schütteln und hacken. Zitronenschale abreiben und mit Petersilie vermischen. Eintopf mit Joghurt verfeinern, mit Kreuzkümmel und Koriander würzen und mit Salz und Pfeffer abschmecken. Kichererbsentopf mit Zitronentopping servieren.

pro Person
1598 kJ
382 kcal

Kartoffeleintopf mit Rinderfilet

Fertig in: 60 Minuten
Davon aktiv: 15 Minuten

Für 2 Personen:
400 g festkochende Kartoffeln
3 Karotten
1 rote Paprika
800 ml Gemüsebrühe
(1 EL Instantpulver)
240 g Rinderfilet
60 g trockener Langkornreis
3 EL Tomatenmark
Salz, Pfeffer
1 EL Schnittlauchringe

pro Person
11 ProPoints Wert | 2139 kJ
511 kcal

1. Kartoffeln und Karotten schälen. Paprika waschen, entkernen und mit Kartoffeln und Karotten würfeln. Kartoffel-, Karotten- und Paprikawürfel mit Brühe aufkochen und ca. 30 Minuten köcheln lassen.

2. Rinderfilet trocken tupfen, in Würfel schneiden und mit dem Reis zum Gemüse geben. Tomatenmark einrühren und weitere ca. 15 Minuten garen. Kartoffeleintopf mit Salz und Pfeffer würzen und mit Schnittlauch bestreut servieren.

Mexikanischer Bohneneintopf

Fertig in: 45 Minuten
Davon aktiv: 25 Minuten

Für 4 Personen:
1 Zwiebel
2 Karotten
2 TL Pflanzenöl
160 g trockener Langkornreis
700 ml Gemüsebrühe
(2 TL Instantpulver)
1 Dose weiße Bohnen
(255 g Abtropfgewicht)
1 Dose Kidneybohnen
(255 g Abtropfgewicht)
800 g passierte Tomaten
(Konserve)
1 TL gehackter Oregano
1/2 TL Kreuzkümmel
1 Prise Zucker
Salz, Pfeffer
einige Tropfen Tabasco

pro Person
7 ProPoints Wert | 1455 kJ
347 kcal

1. Zwiebel und Karotten schälen und würfeln. Öl in einem Topf erhitzen und Zwiebel- und Karottenwürfel darin andünsten. Reis dazugeben, mit Brühe ablöschen und ca. 20 Minuten garen.

2. Weiße Bohnen und Kidneybohnen abspülen, abtropfen lassen und mit Tomaten unter den Reis mischen. Mit Oregano und Kreuzkümmel würzen und weitere ca. 5 Minuten köcheln lassen.

3. Mexikanischen Bohneneintopf mit Zucker verfeinern, mit Salz, Pfeffer und Tabasco abschmecken und servieren.

Linsentopf mit Hähnchen

Fertig in: 70 Minuten
Davon aktiv: 25 Minuten

Für 2 Personen:
1 Zwiebel
3 Karotten
1 rote Chilischote
50 g getrocknete Feigen
200 g Hähnchenbrustfilet
1 TL Pflanzenöl
Salz
Pfeffer
100 g trockene Puy-Linsen
2 TL gehackter Thymian
700 ml Geflügelfond
5 Tomaten
1–2 TL heller Balsamicoessig

pro Person | 1987 kJ
475 kcal

1. Zwiebel und Karotten schälen und würfeln. Chilischote waschen, entkernen und in Ringe schneiden. Feigen hacken. Hähnchenbrustfilet abspülen, trocken tupfen und würfeln.

2. Öl in einem Topf erhitzen, Hähnchenbrustwürfel darin ca. 4–5 Minuten rundherum anbraten, salzen, pfeffern und herausnehmen. Zwiebel- und Karottenwürfel mit Chiliringen im Bratensatz ca. 2–3 Minuten andünsten. Linsen, Feigen und Thymian dazugeben, mit Fond ablöschen und zugedeckt ca. 45 Minuten garen.

3. Tomaten waschen und würfeln. Hähnchenbrust- und Tomatenwürfel zur Suppe geben und erwärmen. Linsensuppe mit Essig verfeinern, mit Salz und Pfeffer abschmecken und servieren.

Fruchtiger Kürbistopf

Fertig in: 50 Minuten
Davon aktiv: 30 Minuten

Für 4 Personen:
800 g festkochende Kartoffeln
1 Zwiebel
1 Hokkaidokürbis
360 g Hähnchenbrustfilet
1 EL Pflanzenöl
2 TL Currypulver
750 ml Gemüsebrühe
(1 EL Instantpulver)
2 mürbe Äpfel (z. B. Boskop)
Salz
Pfeffer
1 TL Paprikapulver

pro Person | 2056 kJ
491 kcal

1. Kartoffeln und Zwiebel schälen, Kürbis waschen, halbieren, Kerne mit einem Löffel entfernen und alles würfeln. Hähnchenbrustfilet abspülen, trocken tupfen und in Würfel schneiden.

2. Öl in einem Topf erhitzen und Hähnchenbrustwürfel darin ca. 3–5 Minuten anbraten. Zwiebel-, Kartoffel- und Kürbiswürfel zugeben und kurz mitbraten. Mit Currypulver bestäuben, mit Brühe ablöschen und ca. 15 Minuten köcheln lassen.

3. Äpfel vierteln, entkernen, schälen und in Stücke schneiden. Apfelstücke zum Kürbistopf geben und weitere ca. 5 Minuten garen. Mit Salz, Pfeffer und Paprikapulver würzen und fruchtigen Kürbistopf nach Wunsch mit Thymian garniert servieren.

Spitzkohleintopf mit Mettenden

Fertig in: 50 Minuten
Davon aktiv: 25 Minuten

Für 2 Personen:
1 Spitzkohl (ca. 600 g)
1 Zwiebel
400 g mehligkochende Kartoffeln
1 TL Pflanzenöl
750 ml Gemüsebrühe
(3 TL Instantpulver)
3 Wacholderbeeren
2 Lorbeerblätter
1 Gewürznelke
100 g Mettenden
Salz
Pfeffer

pro Person
1908 kJ
456 kcal

1. Spitzkohl putzen, vierteln, den Strunk entfernen und Kohl in Streifen schneiden. Zwiebel und Kartoffeln schälen und würfeln. Öl in einem Topf erhitzen und Kohlstreifen mit Zwiebelwürfeln darin ca. 6–8 Minuten dünsten.

2. Kartoffelwürfel dazugeben und mit Brühe ablöschen. Eintopf mit Wacholderbeeren, Lorbeerblättern und Nelke würzen und zugedeckt ca. 15–20 Minuten garen.

3. Wacholderbeeren, Lorbeerblätter und Nelke aus dem Eintopf entfernen. Mettenden längs halbieren, in Scheiben schneiden und im Eintopf erwärmen. Spitzkohleintopf mit Salz und Pfeffer abschmecken und nach Wunsch mit Thymian garniert servieren.

Barbecuetopf mit Tofu

Fertig in: 40 Minuten
Davon aktiv: 20 Minuten

Für 2 Personen:
1 Gemüsezwiebel
1 gelbe Paprika
1 Zucchini
250 g braune Champignons
200 g Räuchertofu
2 TL Pflanzenöl
Salz
Pfeffer
1 TL Paprikapulver
600 ml Gemüsebrühe
(2 TL Instantpulver)
4 EL Barbecuesauce
2 Ecken Fladenbrot
2 EL Schmand

1. Zwiebel schälen und in Spalten schneiden. Paprika und Zucchini waschen. Paprika entkernen und mit Zucchini würfeln. Champignons trocken abreiben und vierteln. Tofu würfeln.

2. Öl in einem Topf erhitzen und Tofuwürfel darin ca. 3–4 Minuten rundherum anbraten. Zwiebelspalten, Champignonviertel, Paprika- und Zucchiniwürfel dazugeben, mit Salz, Pfeffer und Paprikapulver würzen und ca. 5 Minuten mitbraten.

3. Mit Brühe ablöschen und zugedeckt ca. 12–15 Minuten garen. Eintopf mit Barbecuesauce verfeinern und mit Salz und Pfeffer abschmecken. Barbecuetopf mit einem Klecks Schmand und nach Wunsch mit Oregano anrichten und mit Fladenbrot servieren.

pro Person **11** ProPoints Wert	2409 kJ 575 kcal

Borschtsch mit Rindfleisch

Fertig in: 75 Minuten
Davon aktiv: 30 Minuten

Für 4 Personen:
500 g Rindergulasch
Salz
1,2 Liter Wasser
1/2 Weißkohl (ca. 700 g)
2 Zwiebeln
2 Karotten
1 kg festkochende Kartoffeln
4 vorgegarte Rote Bete
(vakuumverpackt)
3 Lorbeerblätter
1/2–1 TL Kümmel
2–3 EL Weißweinessig
grob gemahlener Pfeffer
4 EL Magermilchjoghurt

pro Person
9
ProPoints
Wert
1980 kJ
473 kcal

1. Gulasch trocken tupfen, in kleine Würfel schneiden und in einem Topf mit kochendem Salzwasser zugedeckt ca. 30 Minuten garen. Kohl putzen, vierteln, Strunk entfernen und Kohl in Streifen schneiden. Zwiebeln, Karotten und Kartoffeln schälen und mit Roter Bete würfeln.

2. Gulasch abgießen und Sud dabei auffangen. Sud zurück in den Topf gießen, Zwiebel-, Karotten- und Kartoffelwürfel mit Kohlstreifen, Lorbeerblättern und Kümmel dazugeben und zugedeckt ca. 15–20 Minuten garen.

3. Lorbeerblätter aus dem Eintopf entfernen, mit Essig verfeinern, Gulasch und Rote-Bete-Würfel dazugeben und erwärmen. Borschtsch mit Salz und Pfeffer abschmecken, mit einem Klecks Joghurt anrichten und nach Wunsch mit Petersilie bestreut servieren.

Roter Linseneintopf mit Cabanossi

Fertig in: 30 Minuten
Davon aktiv: 15 Minuten

Für 2 Personen:
1 Zwiebel
2 TL Pflanzenöl
100 g trockene rote Linsen
400 ml Gemüsebrühe
(2 TL Instantpulver)
1/2 TL Chilipulver
1 TL Paprikapulver
1 Prise Zucker
100 g Cabanossi
500 g passierte Tomaten
(Konserve)
3–4 Stängel Basilikum
Salz
Pfeffer

1. Zwiebel schälen und würfeln. Öl in einem Topf erhitzen und Zwiebelwürfel darin kurz anbraten. Linsen dazugeben und kurz andünsten. Mit Brühe ablöschen, mit Chili-, Paprikapulver und Zucker würzen und zugedeckt ca. 10–12 Minuten garen.

2. Cabanossi in Scheiben schneiden. Tomaten mit Cabanossischeiben zu den Linsen geben und weitere ca. 5 Minuten garen. Basilikum waschen, trocken schütteln und Blätter abzupfen. Linseneintopf mit Salz und Pfeffer abschmecken und mit Basilikum bestreut servieren.

pro Person

9 ProPoints Wert

1938 kJ
463 kcal

Gemüsetopf mit Walnüssen

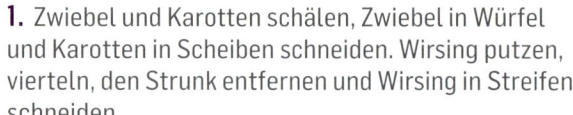

Fertig in: 40 Minuten
Davon aktiv: 25 Minuten

Für 4 Personen:
1 Zwiebel
2 Karotten
1 Wirsing (ca. 750 g)
4 TL Pflanzenöl
200 g trockene rote Linsen
750 ml Gemüsebrühe
(3 TL Instantpulver)
1 EL Speisestärke
2 EL Wasser
2 EL Weißweinessig
Salz, Pfeffer
1 Prise Kümmel
3 EL gehackte Walnüsse

pro Person
7 ProPoints Wert | 1410 kJ
337 kcal

1. Zwiebel und Karotten schälen, Zwiebel in Würfel und Karotten in Scheiben schneiden. Wirsing putzen, vierteln, den Strunk entfernen und Wirsing in Streifen schneiden.

2. Öl in einem Topf erhitzen und Zwiebelwürfel mit Karottenscheiben darin kurz andünsten. Wirsingstreifen dazugeben und ca. 5 Minuten mitdünsten. Linsen dazugeben, mit Brühe ablöschen und ca. 10 Minuten köcheln lassen.

3. Stärke mit Wasser anrühren, unter den Wirsingtopf rühren und aufkochen. Mit Essig verfeinern und mit Salz, Pfeffer und Kümmel kräftig würzen. Walnüsse unterheben und Gemüsetopf servieren.

Schnibbelbohneneintopf

Fertig in: 40 Minuten
Davon aktiv: 15 Minuten

Für 4 Personen:
1 Zwiebel
500 g mehligkochende Kartoffeln
300 g Karotten
1 Mettende (75 g)
2 TL Pflanzenöl
1,5 Liter Gemüsebrühe
(2 EL Instantpulver)
1 TL gehacktes Bohnenkraut
(frisch oder getrocknet)
Salz, Pfeffer
2 Gläser grüne Bohnen
(à 330 g Abtropfgewicht)

pro Person
5 ProPoints Wert | 1106 kJ
264 kcal

1. Zwiebel, Kartoffeln und Karotten schälen. Zwiebel und Kartoffeln in Würfel und Karotten in Scheiben schneiden. Mettende in Scheiben schneiden.

2. Öl in einem Topf erhitzen und Zwiebelwürfel darin andünsten. Karottenscheiben und Kartoffelwürfel hinzufügen. Mit Brühe ablöschen, mit Bohnenkraut verfeinern, mit Salz und Pfeffer würzen und zugedeckt ca. 20 Minuten garen.

3. Bohnen abtropfen lassen, mit Mettendenscheiben dazugeben und weitere ca. 5 Minuten fertig garen. Schnibbelbohneneintopf mit Salz und Pfeffer abschmecken und servieren.

Sauerkrautsuppe mit Hackfleisch

Fertig in: 30 Minuten
Davon aktiv: 15 Minuten

Für 2 Personen:
2 Zwiebeln
2 TL Pflanzenöl
250 g Geflügelhackfleisch
(aus Putenbrustfilet)
Salz
Pfeffer
Paprikapulver
1 EL Tomatenmark
500 ml Gemüsebrühe
(2 TL Instantpulver)
300 g Sauerkraut
1 Prise Zucker
1/4 TL Currypulver
1/4 TL Cayennepfeffer
1 TL Worcestersauce

1. Zwiebeln schälen und in Ringe schneiden. Öl in einer Pfanne erhitzen, Geflügelhackfleisch darin krümelig anbraten und mit Salz, Pfeffer und Paprikapulver würzen. Zwiebelringe dazugeben und kurz mitbraten.

2. Tomatenmark einrühren und mit Brühe ablöschen. Sauerkraut dazugeben und ca. 15 Minuten garen. Mit Zucker, Currypulver, Cayennepfeffer und Worcestersauce würzen, mit Salz und Pfeffer abschmecken und Sauerkrautsuppe servieren.

pro Person | 974 kJ
233 kcal

Statt Geflügelhackfleisch ...

... können Sie auch 250 g Tartar nehmen. Der *ProPoints*® Wert pro Person erhöht sich auf 5.

Statt Sauerkraut ...

... können Sie auch 300 g Weißkohl in feinen Streifen verwenden und ihn mit dem Geflügelhackfleisch anbraten. Der *ProPoints*® Wert pro Person ändert sich nicht.

Gemüseeintopf mit Rucola

Fertig in: 35 Minuten
Davon aktiv: 20 Minuten

Für 2 Personen:
1 Bund Frühlingszwiebeln
1 Zucchini
3 Tomaten
2 Karotten
750 ml Gemüsebrühe
(3 TL Instantpulver)
120 g trockene Gabelspaghetti
75 g Rucola
2 EL grünes Pesto
Salz
grob gemahlener bunter Pfeffer

pro Person
1737 kJ
415 kcal

1. Frühlingszwiebeln, Zucchini und Tomaten waschen. Frühlingszwiebeln in Ringe und Tomaten in Würfel schneiden. Karotten schälen. Zucchini längs vierteln, Karotten längs halbieren und beides in Scheiben schneiden.

2. Karottenscheiben in einem Topf mit Brühe ca. 10–12 Minuten garen. Zucchinischeiben, Tomatenwürfel, Frühlingszwiebelringe und Nudeln nach ca. 5 Minuten dazugeben und mitgaren.

3. Rucola waschen, trocken schleudern und hacken. Eintopf mit Pesto verfeinern und mit Salz und Pfeffer abschmecken. Rucola unter den Gemüseeintopf heben und nach Wunsch mit rosa Pfefferbeeren bestreut servieren.

Wirsingeintopf mit Hackbällchen

Fertig in: 50 Minuten
Davon aktiv: 30 Minuten

Für 4 Personen:
2 Zwiebeln
800 g mehligkochende Kartoffeln
1 Wirsing (ca. 1,2 kg)
1 EL Pflanzenöl
1 Liter Gemüsebrühe
(1 EL Instantpulver)
600 g Tatar
150 g Frischkäse,
bis 1 % Fett absolut
2 EL Senf
1 EL Tomatenmark
1 TL gehackter Majoran
2 EL gehackte Petersilie
Salz
Pfeffer
1/2 TL rosa Pfefferbeeren

1. Zwiebeln und Kartoffeln schälen. Kartoffeln würfeln. Wirsing putzen, vierteln, den Strunk entfernen und Wirsing mit Zwiebeln in Streifen schneiden. Öl in einem Topf erhitzen und Zwiebel- mit Wirsingstreifen darin ca. 8 Minuten dünsten. Kartoffelwürfel dazugeben, mit Brühe ablöschen und zugedeckt ca. 20 Minuten garen.

2. Tatar mit 50 g Frischkäse, Senf, Tomatenmark, Kräutern, Salz und Pfeffer verkneten und zu 20 kleinen Bällchen formen. Hackbällchen ca. 6–8 Minuten vor Ende der Garzeit in den Eintopf geben und darin gar ziehen lassen. Wirsingeintopf mit restlichem Frischkäse verfeinern, mit Salz und Pfeffer abschmecken und mit rosa Pfefferbeeren bestreut servieren.

pro Person
 | 1982 kJ
473 kcal

Statt der Hackbällchen ...

... können Sie auch 1 Packung mit 12 **Weight Watchers** Mini-Frikadellen verwenden und diese im Eintopf erwärmen. Der *ProPoints*® Wert pro Person reduziert sich auf 7.

Hähnchen-Süßkartoffel-Topf mit Zucchini

Fertig in: 45 Minuten
Davon aktiv: 20 Minuten

Für 4 Personen:
3 Zucchini
1 Zwiebel
350 g Süßkartoffeln
400 g mehligkochende Kartoffeln
1 Stück Ingwer (ca. 2 cm)
200 g Hähnchenbrustfilet
2 TL Pflanzenöl
1 Liter Gemüsebrühe
(1 EL Instantpulver)
Salz
Pfeffer
2 Msp. Zimtpulver
1 TL Paprikapulver
1–2 EL Zitronensaft

1236 kJ
295 kcal

1. Zucchini waschen, der Länge nach halbieren und in Scheiben schneiden. Zwiebel, Süßkartoffeln und Kartoffeln schälen und würfeln. Ingwer schälen und reiben. Hähnchenbrustfilet abspülen, trocken tupfen und in Streifen schneiden.

2. Öl in einem Topf erhitzen und Zwiebelwürfel mit Ingwer darin kurz anbraten. Hähnchenbruststreifen dazugeben und ca. 2–3 Minuten rundherum mitbraten. Kartoffel- und Süßkartoffelwürfel dazugeben, kurz andünsten und mit Brühe ablöschen. Eintopf mit Salz, Pfeffer, Zimt- und Paprikapulver würzen und zugedeckt ca. 15 Minuten garen.

3. Zucchinischeiben ca. 5–8 Minuten vor Ende der Garzeit dazugeben und mitgaren. Hähnchen-Süßkartoffel-Topf mit Zitronensaft verfeinern, mit Salz und Pfeffer abschmecken und nach Wunsch mit frischen Kräutern garniert servieren.

Für eine vegetarische Variante ...

... verzichten Sie auf die Hähnchenbruststreifen, reduzieren die Süßkartoffeln auf 250 g und geben stattdessen 200 g Kichererbsen (Konserve) mit den Zucchinischeiben zum Eintopf. Der *ProPoints*® Wert pro Person ändert sich nicht.

Curries & Risottos

Exotische Curries, mediterrane Risottos und viele weitere kreative Rezepte. Lassen Sie sich von unserer aromatischen und geschmacklichen Vielfalt inspirieren.

Rund ums Risotto

Risotto ist eine norditalienische Spezialität, die auch hierzulande sehr beliebt ist. Als Beilage wird Risotto in der Regel relativ „pur" zubereitet, das heißt nur mit etwas Öl und geriebenem Parmesan verfeinert. Zusätzlich können ein paar gedünstete Zwiebeln einem Risotto mehr Geschmack geben. Dem berühmten „Risotto alla milanese", also nach Mailänder Art, verleihen außerdem Safranfäden seine goldgelbe Farbe. Als vollständige Mahlzeit lässt sich das Reisgericht wunderbar mit verschiedenen Gemüsen, Pilzen, Fleisch und Fisch kombinieren.

Schritt für Schritt

Damit das Risotto seine cremige Konsistenz erhält, ist die Wahl der Reissorte entscheidend. Im Gegensatz zu Langkornreis enthalten die für Risotto geeigneten Rund- und Mittelkornreissorten viel Stärke, die beim Kochen freigesetzt wird und für die Bindung sorgt. Der bei uns wohl verbreitetste Risottoreis ist der Arborio, der mittlerweile in jedem gut sortierten Supermarkt erhältlich ist. Neben dem richtigen Reis benötigen Sie ansonsten nur etwas Geduld, denn bis zur perfekten Konsistenz braucht es ein wenig Zeit.

1. Erhitzen Sie nach der Vorbereitung der jeweiligen Zutaten im Rezept zuerst die benötigte Menge Brühe oder Fond. Es ist wichtig, dass Sie ausschließlich heiße Flüssigkeit verwenden. Ist die Brühe zu kalt, wird der Garprozess zwischenzeitlich gestoppt, was die Qualität des Risottos negativ beeinflusst. Praktisch ist es, sich einfach auf kleiner Flamme einen zweiten Topf auf den Herd zu stellen, in dem die Flüssigkeit warm gehalten wird.

2. Sofern das Rezept Zwiebeln enthält, dünsten Sie diese kurz in Öl an. Dann kommt der Reis dazu, der unter Rühren wenige Minuten angedünstet wird.

3. Löschen Sie den Reis mit etwas heißer Brühe ab – nur so viel, dass die Körner eben mit der Flüssigkeit bedeckt sind –

und rühren Sie so lange langsam mit einem Kochlöffel um, bis der Reis fast die komplette Brühe aufgesogen hat. So verhindern Sie, dass der Reis anbrennt, und sorgen dafür, dass die freigesetzte Stärke sich gleichmäßig im Gericht verteilt.

4. Geben Sie nach und nach immer wieder etwas Flüssigkeit hinzu und rühren Sie, bis diese aufgesogen wurde. Die Garzeit von Risotto variiert übrigens je nach Reissorte und Hersteller – am besten testen Sie nach ca. 20 Minuten regelmäßig, ob Ihr Risotto schon die gewünschte Konsistenz erreicht hat. Den richtigen Garpunkt hat es, wenn die Reiskörner außen cremigweich sind, im Inneren aber noch einen leichten Stärkekern haben.

5. Ganz zum Schluss kommt dann die Verfeinerung: Etwas Käse, je nach Rezept z. B. Parmesan oder Pecorino, sorgt für zusätzliche Bindung und verleiht dem Risotto eine würzige Note.

Die weiteren Zutaten, …

… wie Gemüse oder Fleisch, fügen Sie je nach Garzeit und Rezept zu unterschiedlichen Zeitpunkten zu. Feste Gemüsesorten, wie beispielsweise Karotten- oder Pastinakenwürfel, dünsten Sie bereits zusammen mit dem Reis an. Zartes Gemüse mit geringerer Garzeit, z. B. Paprika, geben Sie zu, wenn Sie die Flüssigkeit nach und nach angießen. Zarten Babyspinat z. B. erhitzen Sie nur kurz im fast fertigen Risotto, bis er zusammenfällt. Fleischwürfel oder -streifen braten Sie ganz zu Beginn an, stellen sie beiseite und erwärmen sie nur kurz im zubereiteten Gericht.

Spargelrisotto mit Safran

Fertig in: 65 Minuten
Davon aktiv: 65 Minuten

Für 2 Personen:

1 Schalotte
2 TL Olivenöl
100 g trockener Risottoreis
80 ml trockener Weißwein
550 ml Gemüsebrühe
(2 TL Instantpulver)
250 g weißer Spargel
250 g grüner Spargel
3 EL Frischkäse,
bis 1 % Fett absolut
1 EL geriebener Parmesan
Salz
Pfeffer
1/2 TL Safranpulver

pro Person

1477 kJ
353 kcal

1. Schalotte schälen und in feine Würfel schneiden. Öl in einer Pfanne erhitzen und Schalottenwürfel darin ca. 1 Minute anbraten. Reis dazugeben, weitere ca. 2 Minuten glasig andünsten und mit Weißwein ablöschen. Mit Brühe aufgießen, bis die Reiskörner knapp bedeckt sind. Bei geringer Hitze ca. 40 Minuten garen, dabei unter Rühren regelmäßig Brühe nachgießen.

2. Weißen Spargel schälen und die holzigen Enden abschneiden. Grünen Spargel waschen, das untere Drittel schälen und mit weißem Spargel in mundgerechte Stücke schneiden. Spargelköpfe zur Seite stellen.

3. Nach ca. 20 Minuten Garzeit die Spargelstücke in das Risotto geben, nach weiteren ca. 15 Minuten die Spargelköpfe zufügen. Mit Frischkäse und Parmesan verfeinern. Spargelrisotto mit Salz, Pfeffer und Safranpulver würzen und nach Wunsch mit Schnittlauch bestreut servieren.

Hähnchen-Orangen-Curry

Fertig in: 50 Minuten
Davon aktiv: 25 Minuten

Für 2 Personen:
200 g Hähnchenbrustfilet
175 g fettarmer Joghurt
1 TL Garam Masala
Salz
1 Zwiebel
1 mehligkochende Kartoffel
(100 g)
2 Orangen
400 g Tomaten
1 Stück Ingwer (ca. 2 cm)
2 TL Pflanzenöl
2 TL grüne Currypaste
200 ml Geflügelfond
1/2 TL Currypulver
2 Ecken Fladenbrot
120 ml Kokosmilch light
Pfeffer
1 EL gehackter Koriander

pro Person
2429 kJ
580 kcal

1. Hähnchenbrustfilet abspülen, trocken tupfen und würfeln. Für die Marinade 50 g Joghurt mit Garam Masala verrühren und mit Salz würzen. Marinade und Hähnchenbrustwürfel in einen Gefrierbeutel geben, gut verkneten und im Kühlschrank ca. 15 Minuten marinieren.

2. Zwiebel und Kartoffel schälen und in Würfel schneiden. 1 Orange auspressen, andere Orange schälen und filetieren, dabei den Saft auffangen. Tomaten waschen und in Spalten schneiden. Ingwer schälen und fein würfeln.

3. Öl in einem Topf erhitzen und Hähnchenbrust-, Kartoffel-, Ingwer- und Zwiebelwürfel darin ca. 8 Minuten rundherum anbraten. Currypaste dazugeben und kurz mitbraten. Mit Fond und Orangensaft ablöschen, mit Currypulver würzen und ca. 15–20 Minuten köcheln lassen.

4. Fladenbrot in Scheiben schneiden und rösten. Curry mit Kokosmilch verfeinern, Tomatenspalten und Orangenfilets unterheben und erwärmen. Hähnchen-Orangen-Curry mit Salz und Pfeffer abschmecken, mit restlichem Joghurt anrichten, mit Koriander bestreuen und mit Brot servieren.

Garam Masala ...

... ist eine indische Gewürzmischung, die Sie in gut sortierten Supermärkten und Asialäden erhalten.

Chili mit bunten Bohnen

Fertig in: 35 Minuten
Davon aktiv: 30 Minuten

Für 4 Personen:
1 Zwiebel
1 rote Chilischote
2 TL Pflanzenöl
300 g Tatar
2 TL Tomatenmark
200 g trockener Langkornreis
800 ml Gemüsebrühe
(3 TL Instantpulver)
350 g grüne Bohnen (TK)
1 Dose Kidneybohnen
(255 g Abtropfgewicht)
1 Dose weiße Bohnen
(255 g Abtropfgewicht)
800 g stückige Tomaten
(Konserve)
Salz
Cayennepfeffer
1 EL gehackte Petersilie

1. Zwiebel schälen und würfeln. Chilischote waschen, entkernen und in Streifen schneiden. Öl in einem Topf erhitzen und Tatar darin krümelig anbraten. Zwiebelwürfel und Tomatenmark dazugeben und kurz mitbraten. Reis und Chilistreifen dazugeben, mit Brühe ablöschen und ca. 15 Minuten garen, dabei gelegentlich rühren.

2. Grüne Bohnen unterheben und weitere ca. 5 Minuten garen. Kidneybohnen und weiße Bohnen abspülen, abtropfen lassen, mit Tomaten zum Chili geben und weitere ca. 5 Minuten garen. Chili mit Salz und Cayennepfeffer abschmecken und mit Petersilie bestreut servieren.

pro Person
10 ProPoints Wert

1962 kJ
468 kcal

Karottenrisotto mit Safran

Fertig in: 50 Minuten
Davon aktiv: 50 Minuten

Für 2 Personen:
1 Schalotte
400 g Karotten
200 g Pastinaken
2 getrocknete Tomaten ohne Öl
2 TL Pflanzenöl
140 g trockener Risottoreis
600 ml heißer Kalbsfond
2 TL gehackter Thymian
1/4 TL gemahlener Safran
4 EL Kochkäse, Magerstufe
Salz
Pfeffer

1. Schalotte, Karotten und Pastinaken schälen und fein würfeln. Tomaten in Streifen schneiden. Öl in einem Topf erhitzen und Schalottenwürfel darin glasig andünsten. Tomatenstreifen, Karotten-, Pastinakenwürfel und Reis dazugeben und kurz mitdünsten.

2. Mit Fond aufgießen, bis die Reiskörner knapp bedeckt sind, und mit 1 Teelöffel Thymian und Safran verfeinern. Bei geringer Hitze ca. 25–35 Minuten garen, dabei unter Rühren regelmäßig Fond nachgießen. Risotto mit Kochkäse verfeinern, mit Salz und Pfeffer abschmecken und mit restlichem Thymian bestreut servieren.

pro Person
9 ProPoints Wert | 1915 kJ
457 kcal

Für eine vegetarische Variante ...

... ersetzen Sie den Kalbsfond einfach durch Gemüsebrühe. Der *ProPoints*® Wert pro Person ändert sich nicht.

Zucchini-Tomaten-Risotto

Fertig in: 60 Minuten
Davon aktiv: 50 Minuten

Für 4 Personen:

1 Zwiebel
1 Knoblauchzehe
2 Zucchini
4 Tomaten
1 TL Olivenöl
160 g trockener Risottoreis
80 ml trockener Weißwein
270 ml Gemüsebrühe
(1 TL Instantpulver)
4 EL geriebener Parmesan
1 EL Halbfettmargarine
Salz, Pfeffer
2 TL gehackter Oregano

6 pro Person | 1124 kJ
268 kcal

1. Zwiebel schälen und würfeln, Knoblauch pressen. Zucchini und Tomaten waschen und fein würfeln. Öl in einem Topf erhitzen und Zwiebelwürfel, Knoblauch und Reis darin ca. 5 Minuten glasig dünsten. Mit Weißwein und Brühe aufgießen, bis die Reiskörner knapp bedeckt sind. Bei geringer Hitze ca. 25–35 Minuten garen, dabei unter Rühren regelmäßig Brühe und Wein nachgießen.

2. Zucchini- und Tomatenwürfel unter das Risotto heben und ca. 3–5 Minuten mitgaren. 3 Esslöffel Parmesan und Margarine unterrühren. Zucchini-Tomaten-Risotto mit Salz und Pfeffer abschmecken und mit Oregano und restlichem Parmesan bestreut servieren.

Risotto mit Meeresfrüchten

Fertig in: 60 Minuten
Davon aktiv: 60 Minuten

Für 4 Personen:

1 Zwiebel
6 Karotten
2 Stangen Staudensellerie
4 Tomaten
500 g Meeresfrüchte
1 TL Olivenöl
160 g trockener Risottoreis
80 ml trockener Weißwein
270 ml Gemüsebrühe
(1 TL Instantpulver)
2 EL geriebener Parmesan
2 TL Halbfettmargarine
Salz, Pfeffer
1 EL Zitronensaft

 8 pro Person | 1457 kJ
348 kcal

1. Zwiebel und Karotten schälen. Sellerie waschen und mit Zwiebel und Karotten würfeln. Tomaten waschen und in Würfel schneiden. Meeresfrüchte abspülen und trocken tupfen.

2. Öl in einer Pfanne erhitzen und Zwiebelwürfel mit Reis darin ca. 3–4 Minuten glasig dünsten. Sellerie- und Karottenwürfel dazugeben. Mit Weißwein und Brühe aufgießen, bis die Reiskörner knapp bedeckt sind. Bei geringer Hitze ca. 25–35 Minuten garen, dabei unter Rühren regelmäßig Brühe und Wein nachgießen.

3. Meeresfrüchte und Tomatenwürfel unter das Risotto heben. Weitere ca. 3–5 Minuten garen. Parmesan und Margarine unterrühren, mit Salz, Pfeffer und Zitronensaft abschmecken und Risotto servieren.

Wildreisrisotto mit gemischten Pilzen

Fertig in: 45 Minuten
Davon aktiv: 45 Minuten

Für 2 Personen:
150 g braune Champignons
150 g Austernpilze
100 g Pfifferlinge
200 g Mangold
2 TL Pflanzenöl
60 g magere Schinkenwürfel
1 Schalotte
120 g trockene Wildreismischung
40 ml trockener Weißwein
400 ml heißer Geflügelfond
3 EL Crème légère
Salz
Pfeffer
2 EL Schnittlauchringe

1668 kJ
398 kcal

1. Champignons, Austernpilze und Pfifferlinge trocken abreiben, Pfifferlinge gegebenenfalls waschen und Pilze in Stücke schneiden. Mangold waschen, trocken schleudern und in Streifen schneiden. 1 Teelöffel Öl in einem Topf erhitzen, Pilzstücke, Mangoldstreifen und Schinkenwürfel darin ca. 5–8 Minuten braten und herausnehmen.

2. Schalotte schälen und würfeln. Restliches Öl im Bratensatz erhitzen und Schalottenwürfel mit Reis darin glasig andünsten. Mit Wein ablöschen und einkochen lassen. Mit Fond aufgießen, bis die Reiskörner knapp bedeckt sind, und bei geringer Hitze ca. 30 Minuten garen, dabei unter Rühren regelmäßig Fond nachgießen.

3. Mangold-Pilz-Mischung mit Crème légère unter das Risotto heben und erwärmen. Wildreisrisotto mit Salz und Pfeffer abschmecken und mit Schnittlauch bestreut servieren.

Orientalischer Lammtopf mit Couscous

Fertig in: 35 Minuten
Davon aktiv: 15 Minuten

Für 2 Personen:
1 Zwiebel
500 g Karotten
1 Stück Ingwer (ca. 2 cm)
200 g Lammfilet
je 25 g getrocknete Aprikosen und Datteln
1 TL Pflanzenöl
Salz
Pfeffer
1/4 TL Zimtpulver
1/2 TL Kurkuma
800 ml Gemüsebrühe
(3 TL Instantpulver)
80 g trockener Couscous
2–3 Stängel Minze
1–2 TL Zitronensaft

1. Zwiebel und Karotten schälen und würfeln. Ingwer schälen und reiben. Lammfilet trocken tupfen und würfeln. Aprikosen und Datteln hacken.

2. Öl in einem Topf erhitzen, Lammwürfel mit Salz, Pfeffer, Zimtpulver, Kurkuma und Ingwer darin ca. 2–3 Minuten rundherum anbraten. Zwiebel- und Karottenwürfel dazugeben und kurz mitbraten. Mit Brühe ablöschen, Aprikosen und Datteln dazugeben und zugedeckt ca. 15 Minuten garen.

3. Couscous ca. 5 Minuten vor Ende der Garzeit einrühren und garen. Minze waschen, trocken schütteln und Blätter abzupfen. Lammtopf mit Zitronensaft verfeinern, mit Salz und Pfeffer abschmecken und mit Minze garniert servieren.

pro Person
10 ProPoints Wert

1875 kJ
448 kcal

Feurige Reisnudeln mit Garnelen

Fertig in: 45 Minuten
Davon aktiv: 20 Minuten

Für 2 Personen:
200 g küchenfertige Garnelen
2 gelbe Paprika
1 rote Paprika
1 Zwiebel
1 rote Chilischote
1 TL Pflanzenöl
1 Knoblauchzehe
Salz
Pfeffer
400 ml Gemüsebrühe
(2 TL Instantpulver)
140 g trockene Kritharaki
1/2 TL Kurkuma
2 EL gehackte glatte Petersilie

1. Garnelen abspülen und trocken tupfen. Paprika waschen und entkernen. Zwiebel schälen und mit Paprika würfeln. Chilischote waschen, entkernen und in Ringe schneiden. Öl in einem Topf erhitzen, Knoblauch dazupressen und kurz andünsten. Garnelen dazugeben, ca. 4–5 Minuten anbraten, mit Salz und Pfeffer würzen und herausnehmen.

2. Chiliringe, Paprika- und Zwiebelwürfel im Bratensatz ca. 3–4 Minuten anbraten und mit Brühe ablöschen. Nudeln und Kurkuma dazugeben und ca. 15–17 Minuten köcheln lassen. Garnelen und Petersilie unterheben, mit Salz und Pfeffer abschmecken und servieren.

pro Person
10 ProPoints Wert
2050 kJ
490 kcal

Kritharaki ...

... sind griechische reiskornförmige Nudeln aus Hartweizengrieß. In der italienischen Küche werden sie auch „Risoni" genannt.

Paprikarisotto mit Hähnchen

Fertig in: 55 Minuten
Davon aktiv: 55 Minuten

Für 2 Personen:
1 kleine Zwiebel
200 g Hähnchenbrustfilet
2 TL Pflanzenöl
Salz
Pfeffer
100 g trockener Risottoreis
600 ml heiße Gemüsebrühe
(2 TL Instantpulver)
je 2 rote und gelbe Paprika
25 g getrocknete Aprikosen
3 EL geriebener Pecorino
(ersatzweise Parmesan)
1 EL Schnittlauchringe

 pro Person
2365 kJ
565 kcal

1. Zwiebel schälen und fein würfeln. Hähnchen-brustfilet abspülen, trocken tupfen und in Streifen schneiden. Öl in einem Topf erhitzen, Hähnchenbrust-streifen darin ca. 3–4 Minuten rundherum anbraten, mit Salz und Pfeffer würzen und herausnehmen.

2. Zwiebelwürfel im Bratensatz kurz anbraten, Reis dazugeben, kurz mitbraten und mit Brühe aufgießen, bis die Reiskörner knapp bedeckt sind. Bei geringer Hitze ca. 25–35 Minuten garen, dabei unter Rühren regelmäßig Brühe nachgießen.

3. Paprika waschen, entkernen und fein würfeln. Aprikosen hacken, mit Pecorino, Paprikawürfeln und Hähnchenbruststreifen unterheben und erwärmen. Risotto mit Salz und Pfeffer abschmecken und mit Schnittlauch bestreut servieren.

Rotbarschcurry mit Zuckererbsenschoten

Fertig in: 60 Minuten
Davon aktiv: 25 Minuten

Für 2 Personen:
1 mehligkochende Kartoffel (100 g)
1 Zwiebel
1 Stück Ingwer (ca. 1 cm)
3 Tomaten
200 g Rotbarschfilet
250 g Zuckererbsenschoten
1 TL Sesamöl
1 TL grüne Currypaste
80 ml Kokosmilch light
700 ml Gemüsebrühe (3 TL Instantpulver)
100 g trockener Vollkornreis
1 TL Limettensaft
Salz
Pfeffer

pro Person | 2221 kJ
530 kcal

1. Kartoffel, Zwiebel und Ingwer schälen und fein würfeln. Tomaten kreuzweise einritzen, mit kochendem Wasser überbrühen, häuten und in Spalten schneiden. Rotbarschfilet abspülen, trocken tupfen und in mundgerechte Stücke schneiden. Zuckererbsenschoten waschen und halbieren.

2. Öl in einem Topf erhitzen und Zwiebel-, Kartoffel- und Ingwerwürfel darin ca. 2–3 Minuten anbraten. Currypaste zugeben, weitere ca. 1–2 Minuten anbraten und mit Kokosmilch und Brühe ablöschen. Reis dazugeben und zugedeckt nach Packungsanweisung garen, dabei gelegentlich umrühren.

3. Rotbarschstücke und Zuckererbsenschotenhälften ca. 5 Minuten vor Ende der Garzeit zugeben und gar ziehen lassen. Tomatenspalten unterheben und erwärmen. Rotbarschcurry mit Limettensaft verfeinern, salzen, pfeffern und nach Wunsch mit frischen Kräutern garniert servieren.

Für eine vegetarische Variante ...

... ersetzen Sie den Rotbarsch durch Tofu. Der *ProPoints*® Wert pro Person ändert sich nicht.

Kartoffel-Kürbis-Curry

Fertig in: 40 Minuten
Davon aktiv: 20 Minuten

Für 1 Person:
200 g festkochende Kartoffeln
200 g Hokkaidokürbis
1 kleine Zwiebel
1 Knoblauchzehe
1 TL Olivenöl
1/2–1 TL Currypulver
200 ml Gemüsebrühe
(1 TL Instantpulver)
Salz
Pfeffer
1 Prise Kreuzkümmel
50 g Magermilchjoghurt
1/2 TL gehackter Koriander

1. Kartoffeln schälen, Kürbis waschen und beides in Würfel schneiden. Zwiebel schälen und in Ringe schneiden. Knoblauch pressen.

2. Öl in einer Pfanne erhitzen und Kartoffel-, Kürbis-würfel, Zwiebelringe, Knoblauch und Currypulver darin ca. 3 Minuten anschwitzen. Mit Brühe ablöschen und zugedeckt ca. 20 Minuten garen.

3. Kartoffel-Kürbis-Curry mit Salz, Pfeffer und Kreuzkümmel würzen, mit Joghurt verfeinern und mit Koriander garniert servieren.

pro Person

1170 kJ
279 kcal

Statt Hokkaidokürbis ...

... können Sie auch 200 g Blumenkohlröschen verwenden. Der *ProPoints*® Wert pro Person ändert sich nicht.

Endlich wieder ich

Anke kannte Gewichtsprobleme früher nur von anderen. Als sie selbst plötzlich stetig zunahm, stand sie dem zunächst hilflos gegenüber. Doch mit dem *ProPoints®* Plan kam sie wieder in Bestform.

Die Mutter zweier Kinder hatte immer eine Topfigur. Vor ungefähr drei Jahren aber fing es an, dass Anke immer mehr zunahm. Sie war damals eine relativ starke Raucherin und wollte damit aufhören. Doch jeder Versuch endete schon nach einiger Zeit mit einer Zigarette im Mund und ein paar Kilo mehr auf den Rippen. Statt zu rauchen, aß und naschte die attraktive Frau viel zwischendurch. „Das Ganze war wie ein Teufelskreis. Ich war frustriert, aß immer mehr und mochte mich immer weniger leiden. Ich ging nicht mehr gern aus und Shoppen machte keinen Spaß mehr", erinnert sich die 44-Jährige. Der Berg erschien ihr so hoch, dass die Augsburgerin zunächst die Augen vor dem Problem verschloss.

Als Anke jedoch im April 2012 Bilder von der Konfirmationsfeier ihrer Tochter sah, machte es Klick. „Ich konnte es kaum fassen, dass ich das auf den Fotos war." Von einer Kollegin, die mit Weight Watchers erfolgreich 10 Kilo abgenommen hatte, erfuhr die Erzieherin, dass man mit dem Programm weder hungern noch auf etwas verzichten muss, sondern dass es sich um eine Ernährungsumstellung handelt, bei der man rundum Unterstützung erfährt. So besuchte Anke im Juni das Treffen in Augsburg-Göggingen und war gleich begeistert. Sie lernte schnell den *ProPoints®* Plan kennen und wusste bald, was für sie besonders gut funktioniert. Nach der ersten Woche hatte sie bereits 1,2 Kilo abgenommen. „Das Programm fiel mir sehr leicht und beide Kinder mögen es total, wie abwechslungsreich ich jetzt koche", freut sich Anke. Sie arbeitet von acht bis dreizehn Uhr und konnte das Programm auch auf der Arbeit problemlos umsetzen. „Während ich früher unbewusst ständig was gegessen habe, bereite ich mir jetzt eine Pausenmahlzeit vor – gern ein Brot mit Hüttenkäse und Obst – und koche mittags zu Hause mit viel frischem Gemüse und Kräutern." Natürlich packt sie schon noch mal der Lusthunger, aber oft kann sie ihn mit einer Banane oder Obstsalat stillen. Und wenn es unbedingt ein Krapfen sein muss, dann benutzt sie ihr Wochenextra dafür.

So purzelten die Kilos stetig und im November war es dann soweit: Zielgewicht erreicht. „In der Gruppe wurde ich gelobt, die anderen Teilnehmer applaudierten begeistert und auch meine Familie war sehr stolz auf mich. Als Belohnung für meinen Erfolg habe ich mich ganz neu eingekleidet. Außerdem habe ich mir mein Haar schneiden lassen, denn jetzt kann ich meinen Hals wieder zeigen." Anke ist rundum zufrieden. „Ich war innerlich schon recht frustriert. Heute ist das anders und das strahle ich auch aus. Ich gehe wieder gerne tanzen, bewege mich lieber und fühle mich wieder als Frau."

Wenn Sie wie Anke durchstarten möchten, schauen Sie bei einem Weight Watchers Treffen in Ihrer Nähe vorbei:
www.weightwatchers.de/treffenfinden

www.weightwatchers.de/
monatspass

„Meine Lieblingsrezepte aus diesem Kochbuch sind Kürbissuppe mit Kartoffel-croûtons (Seite 41) und Spargelrisotto mit Safran (Seite 84)."

A

B

C

E

G

H

K

L

M

P

R

S

T

W

Z

Schweinefleisch

Erbsensuppe mit Kasseler	49
Gyrostopf mit Zazikitopping	46

Spargel

Spargelrisotto mit Safran	84

Spinat

Kichererbsentopf mit Zitronentopping	54

Suppengemüse

Arabische Linsensuppe	33
Erbsensuppe mit Kasseler Seite	49
Markklößchensuppe mit Nudeln	22
Maultaschensuppe mit Gemüse	10

Süßkartoffel

Hähnchen-Süßkartoffel-Topf mit Zucchini	78

Tofu

Asiasuppe mit Tofu	37
Barbecuetopf mit Tofu	65

Tomaten

Chili mit bunten Bohnen	88
Gyrostopf mit Zazikitopping	46
Hähnchen-Orangen-Curry	87
Mexikanischer Bohneneintopf	57
Pizzasuppe	18
Roter Linseneintopf mit Cabanossi	69
Tomaten-Minz-Suppe mit Schafskäse	38
Zucchini-Tomaten-Risotto	92

Vegetarisch

Arabische Linsensuppe	33
Asiasuppe mit Tofu	37
Barbecuetopf mit Tofu	65
Champignoncremesuppe mit Steinpilzen	30
Erbsen-Minz-Suppe mit Ziegenkäse	37
Feine Artischockensuppe	18
Gemüseeintopf mit Rucola	74
Gemüsesuppe mit Nudeln	26
Gemüsetopf mit Walnüssen	70
Karotten-Sesam-Suppe mit Joghurt	14
Kartoffel-Kürbis-Curry	104
Kichererbsentopf mit Zitronentopping	54
Kürbissuppe mit Kartoffelcroûtons	41
Mexikanischer Bohneneintopf	57
Rotkohlsuppe mit Frischkäsenocken	21
Rucolasuppe mit Parmesan	29
Schneller Asia-Eintopf mit Kokosmilch	50
Spargelrisotto mit Safran	84
Tomaten-Minz-Suppe mit Schafskäse	38
Zucchini-Tomaten-Risotto	92

Zucchini

Gemüseeintopf mit Rucola	74
Hähnchen-Süßkartoffel-Topf mit Zucchini	78
Zucchini-Tomaten-Risotto	92

Zuckererbsenschoten

Rotbarschcurry mit Zuckererbsenschoten	103

Redaktion:
Weight Watchers
Claudia Braun, Claudia Thienel

Realisierung:
The Food Professionals Köhnen AG, Sprockhövel

Projektleitung:
Silke Höpker, Insa Weißpfennig

Rezepte:
Ingrid Schmand, Kathrin Schmitt

Versuchsküche:
Dennis Webers, Alexandra Wittenstein

Fotografie:
Klaus Arras, Dirk Przibylla, Stefan Schulte-Ladbeck
Seiten 2, 3, 6, 9, 44, 80: Thinkstock

Foodstyling:
Katja Briol, Stefan Mungenast, Christa Schraa

Gestaltungskonzept und Grafik:
The Food Professionals Köhnen AG, Sprockhövel
Sina Büchele, Petra Penker

Druck:
Paffrath Print & Medien GmbH, Remscheid

1. Auflage 2015

ISBN 978-3-9816174-4-3

Info-Hotline 01802-23 45 64* (Deutschland)
www.weightwatchers.de

*0,06 €/Anruf aus dem deutschen Festnetz. Mobilfunk höchstens 0,42 €/Minute.

PEFC zertifiziert
Dieses Papier stammt aus nachhaltig bewirtschafteten Wäldern und kontrollierten Quellen.

www.pefc.de